NOUVEL

ALPHABET AMUSANT

ILLUSTRÉ

LES ÉLÈVES DU GRAND FRÈRE.

A a *A a*

B b *B b*

C c *C c*

D d *D d*

âne — alphabet — arbre — ballon — balustrade — branche — cerises curieux — cerceau — clou — cloche — dé — deux dominos — double blanc.

NOUVEL ALPHABET

AMUSANT ILLUSTRÉ

PREMIÈRES LEÇONS DE LECTURE

PAR

G. DE POMARET

PARIS

LIBRAIRIE DE THÉODORE LEFÈVRE ET Cie

ÉMILE GUÉRIN, ÉDITEUR

2, RUE DES POITEVINS

école — écoliers — étude — encriers — faux — fraises — fruits — fleurs
gaz — gui — gâteau — garçons — haie — hache — horloge — heure.

illumination — image — juillet — jacinthe — Jacquot — kakatoès
lampion — lumière — lanternes — livre — lunettes — liseron.

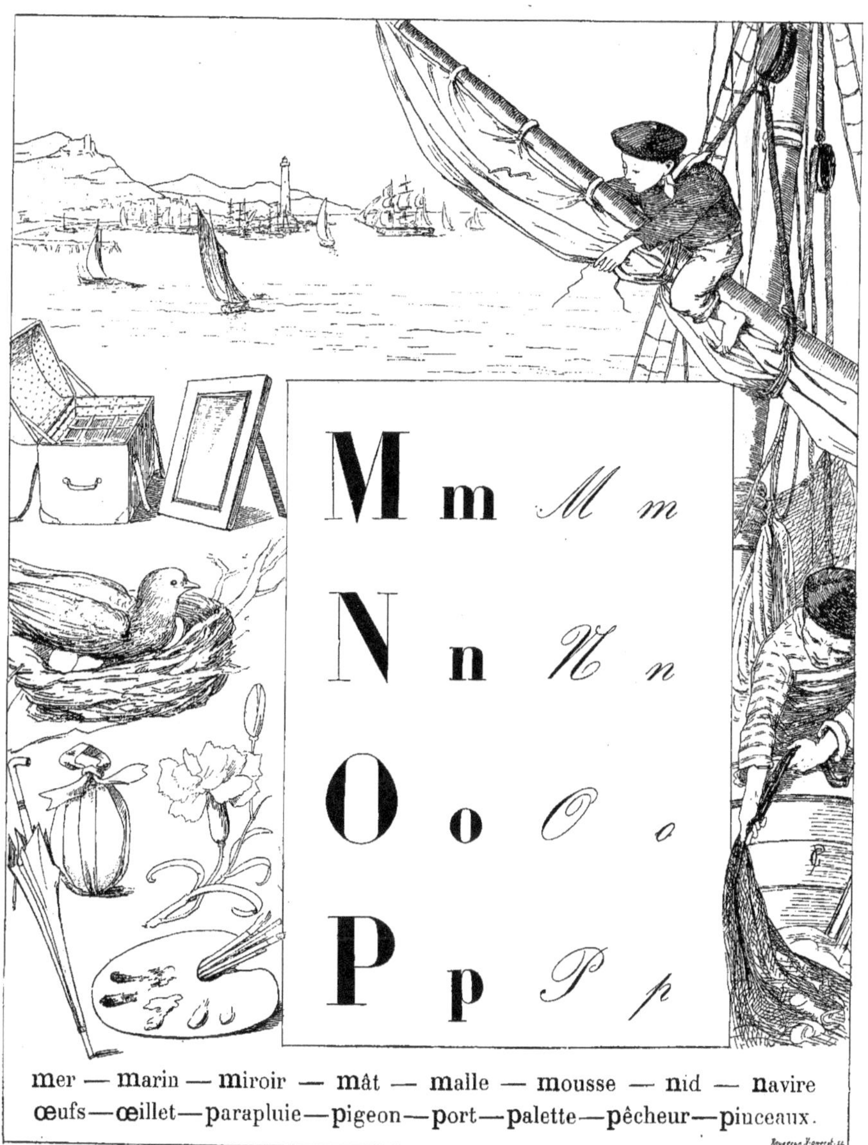

mer — marin — miroir — mât — malle — mousse — nid — navire
œufs — œillet — parapluie — pigeon — port — palette — pêcheur — pinceaux.

# Q R S T

querelle — quenouille — rat — rochers — rose — sac — serpe
sabot — sapin — souris — tambour — tablier — trompette — torrent.

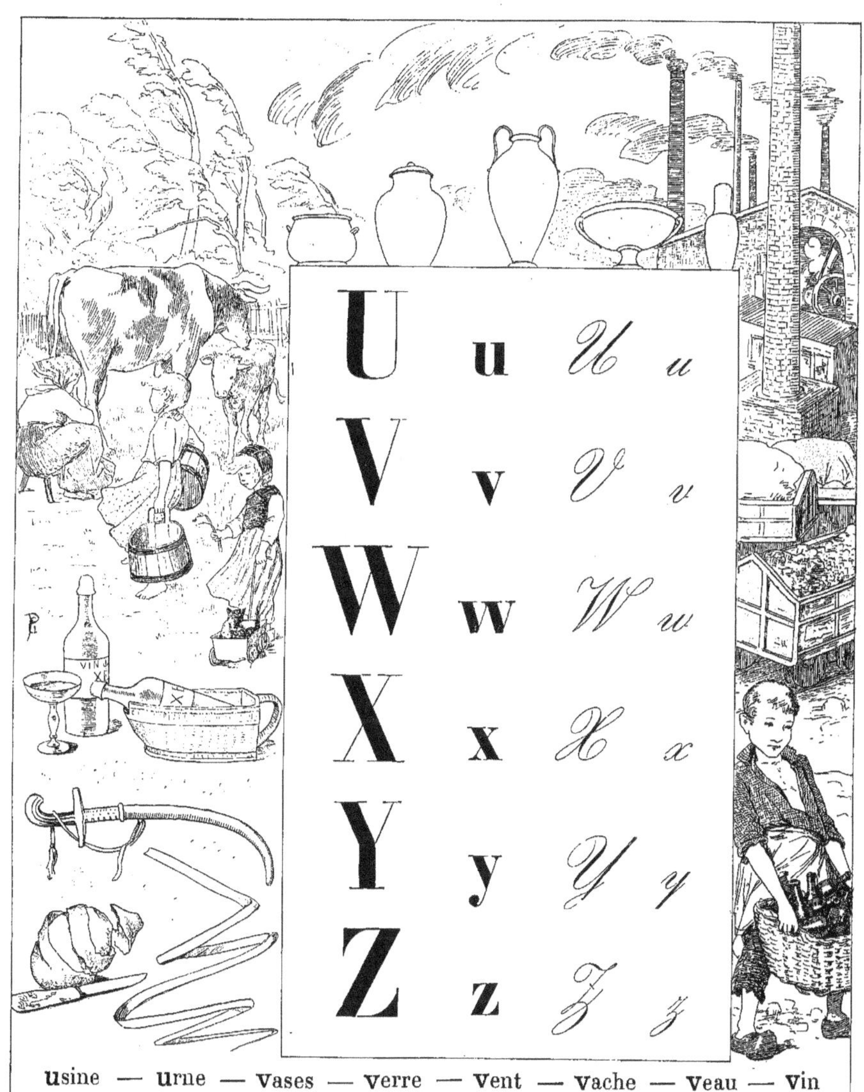

usine — urne — Vases — Verre — Vent — Vache — Veau — Vin
Voiture — Volant — Wagon — Xérès — Yatagan — Zeste — Zigzag.

	a	e	i	o	ô
b	bas	bœufs	bis	bot	beau
p	pas	peu	pie	pot	peau
v	va	vœu	vie	vos	veau
f, ph	fa	feu	fi	fo-lie	faux
d	da-te	deux	dis	dos	dò-me
t	tas	te	ti-ge	to-ge	taux
g, gu	ga-ge	gueux	gui	go-ber	gau-le
k, c, qu	cas	queue	qui	co-co	cô-ne
l	la	le	lit	lot	l'eau
m	ma	me	mie	mot	maux
n	n'a	ne	nid	nos	nau-sée
r	rat	re-but	riz	ro-be	rôt
s, c, sc	sa	ce,ceux	scie	sot	saut
j, g	ja-de	jeu	gît	jo-li	jau-ne
ch	chat	che-nu	Chi-ne	cho-pe	chaud

Le chat a bu le lo-lo. — Bébé bat le chat.

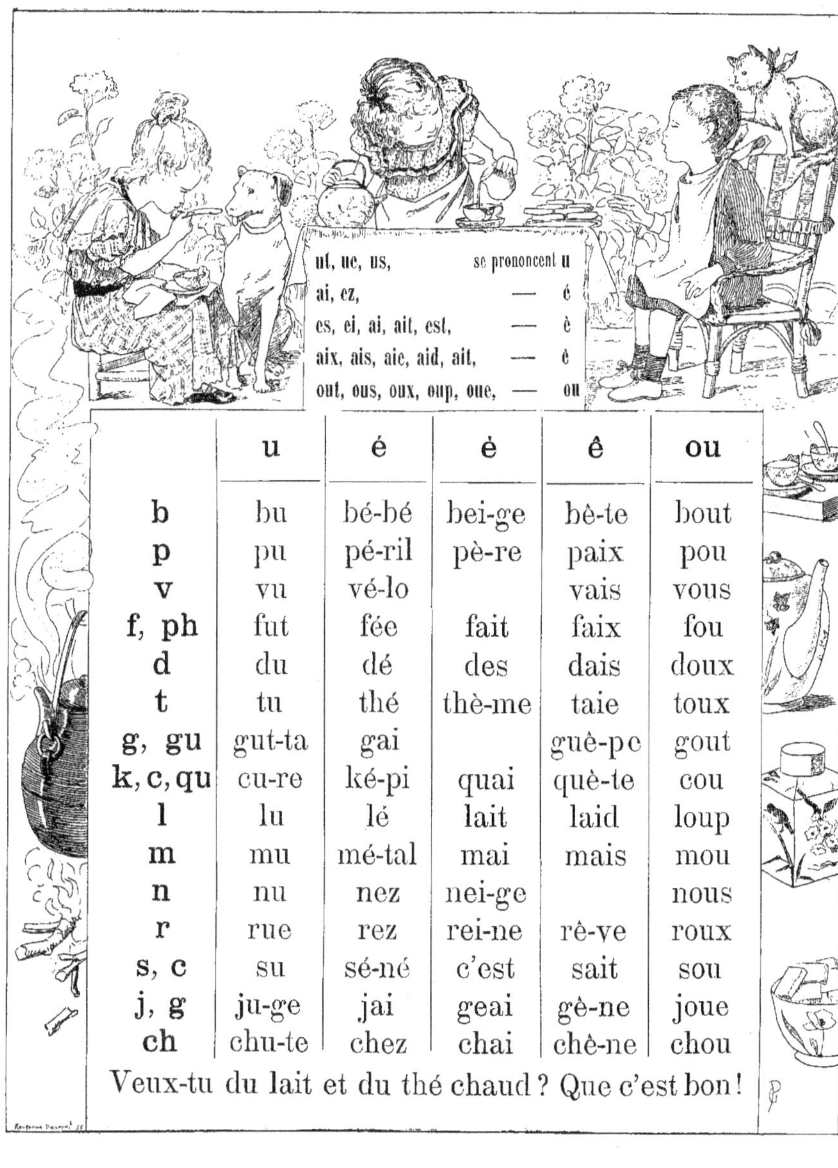

	u	é	ė	ê	ou
b	bu	bé-bé	bei-ge	bè-te	bout
p	pu	pé-ril	pè-re	paix	pou
v	vu	vé-lo		vais	vous
f, ph	fut	fée	fait	faix	fou
d	du	dé	des	dais	doux
t	tu	thé	thè-me	taie	toux
g, gu	gut-ta	gai		guè-pe	gout
k, c, qu	cu-re	ké-pi	quai	què-te	cou
l	lu	lé	lait	laid	loup
m	mu	mé-tal	mai	mais	mou
n	nu	nez	nei-ge		nous
r	rue	rez	rei-ne	rê-ve	roux
s, c	su	sé-né	c'est	sait	sou
j, g	ju-ge	jai	geai	gê-ne	joue
ch	chu-te	chez	chai	chê-ne	chou

Veux-tu du lait et du thé chaud ? Que c'est bon !

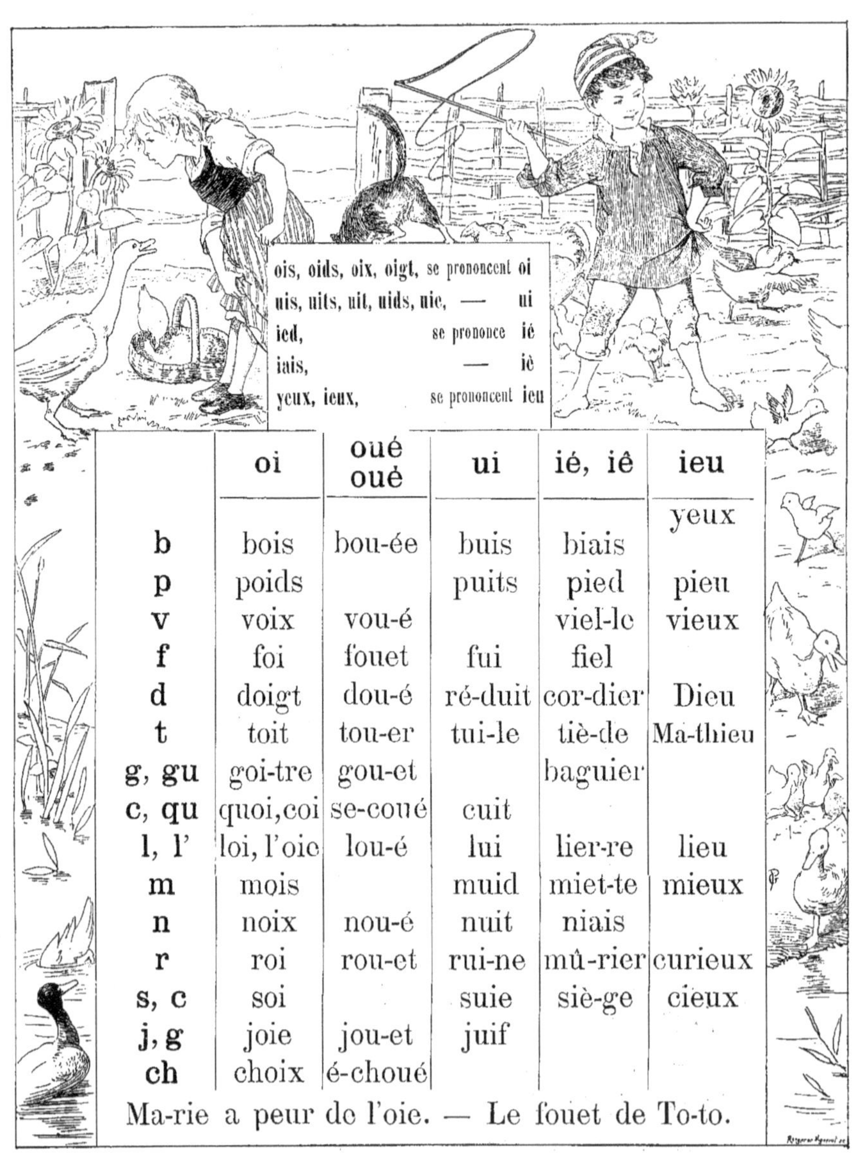

	oi	oué oué	ui	ié, iê	ieu
					yeux
b	bois	bou-ée	buis	biais	
p	poids		puits	pied	pieu
v	voix	vou-é		viel-le	vieux
f	foi	fouet	fui	fiel	
d	doigt	dou-é	ré-duit	cor-dier	Dieu
t	toit	tou-er	tui-le	tiè-de	Ma-thieu
g, gu	goi-tre	gou-et		baguier	
c, qu	quoi,coi	se-coué	cuit		
l, l'	loi, l'oie	lou-é	lui	lier-re	lieu
m	mois		muid	miet-te	mieux
n	noix	nou-é	nuit	niais	
r	roi	rou-et	rui-ne	mû-rier	curieux
s, c	soi		suie	siè-ge	cieux
j, g	joie	jou-et	juif		
ch	choix	é-choué			

Ma-rie a peur de l'oie. — Le fouet de To-to.

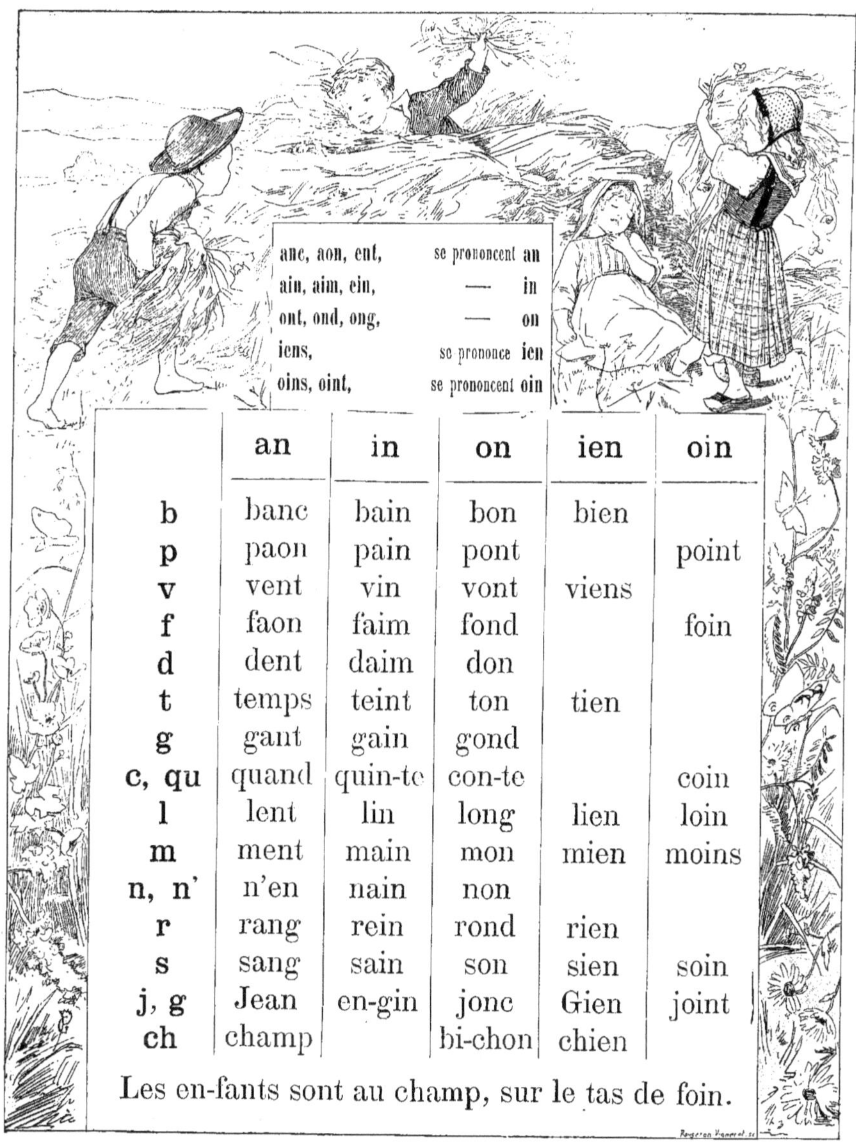

	an	in	on	ien	oin
b	banc	bain	bon	bien	
p	paon	pain	pont		point
v	vent	vin	vont	viens	
f	faon	faim	fond		foin
d	dent	daim	don		
t	temps	teint	ton	tien	
g	gant	gain	gond		
c, qu	quand	quin-te	con-te		coin
l	lent	lin	long	lien	loin
m	ment	main	mon	mien	moins
n, n'	n'en	nain	non		
r	rang	rein	rond	rien	
s	sang	sain	son	sien	soin
j, g	Jean	en-gin	jonc	Gien	joint
ch	champ		bi-chon	chien	

Les en-fants sont au champ, sur le tas de foin.

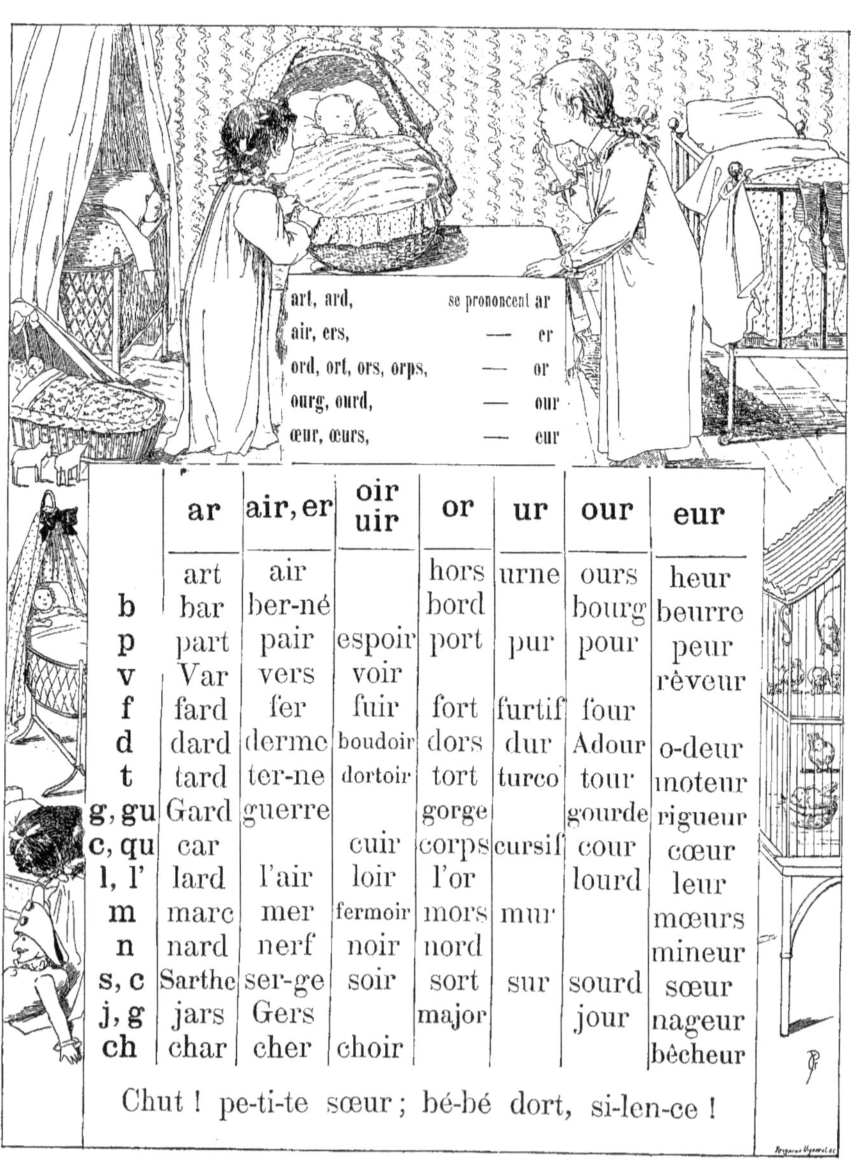

	ar	air, er	oir uir	or	ur	our	eur
	art	air		hors	urne	ours	heur
b	bar	ber-né		bord		bourg	beurre
p	part	pair	espoir	port	pur	pour	peur
v	Var	vers	voir				rêveur
f	fard	fer	fuir	fort	furtif	four	
d	dard	dermc	boudoir	dors	dur	Adour	o-deur
t	tard	ter-ne	dortoir	tort	turco	tour	moteur
g, gu	Gard	guerre		gorge		gourde	rigueur
c, qu	car		cuir	corps	cursif	cour	cœur
l, l'	lard	l'air	loir	l'or		lourd	leur
m	marc	mer	fermoir	mors	mur		mœurs
n	nard	nerf	noir	nord			mineur
s, c	Sarthe	ser-ge	soir	sort	sur	sourd	sœur
j, g	jars	Gers		major		jour	nageur
ch	char	cher	choir				bêcheur

Chut ! pe-ti-te sœur ; bé-bé dort, si-len-ce !

	ier	al, il, el, ol, ul, oil	oq, uc, ic, ac, ec, oc	if, ef, uif	pt, t, s, x, z
	hier			if	as huit
b		bal bol	bac bec	ros-bif	bis ré-bus
p		pal poil	pic		
v		val vol	vac-cin	vif	vi-vat
f	fier	fil fol	foc		fat fils
d		dol	duc	tar-dif	dix
t	tiers	tel	tic-tac	vo-tif	luth
g, gu		gal-be			gaz
c, qu		qu'il	coq	es-quif	
l			lac		lis Loth
m		mal mil			mat Metz
n		Nil nul	noc-tur-ne	nef	net
r		rail	roc	ta-rif	rit
s, c		cil sol	sac sec	suif	six sept
j, g		dé-gel		juif	
ch		Mi-chel	choc	chef	chut !

Bé-bé est très fier. Il est au bal.

	a, â	e	i	o, ô	u	è, ê	ou
bl	blague	bleu	ou-bli	bloc	blu-et	blet	blouse
pl	plat	pleut	pli		plu	plaie	
fl	flâner			flot	flux	flairé	flou
gl	glas			glo-be	glu	glaise	glou-glou
cl	claque		cliché	clos	Cluny	claie	clou
br	bras	brebis	bris	broc	bru	braie	brou
pr		preux	prix	pro-be	prune	près	proue
vr		li-vre		levraut		vrai	
fr	frac	fre-don	frit	frô-lé	frugal	frais	frou-frou
dr	drap	Dreux		drô-le	dru	drainé	
tr			tri	trop	truc	très	trou
gr	gras	grelot	gris	gros	grue	grès	grou-pe
cr	crac	creux	cri	Crau	crue	craie	croû-te

Li-li et To-to ad-mi-rent la mer bleue.

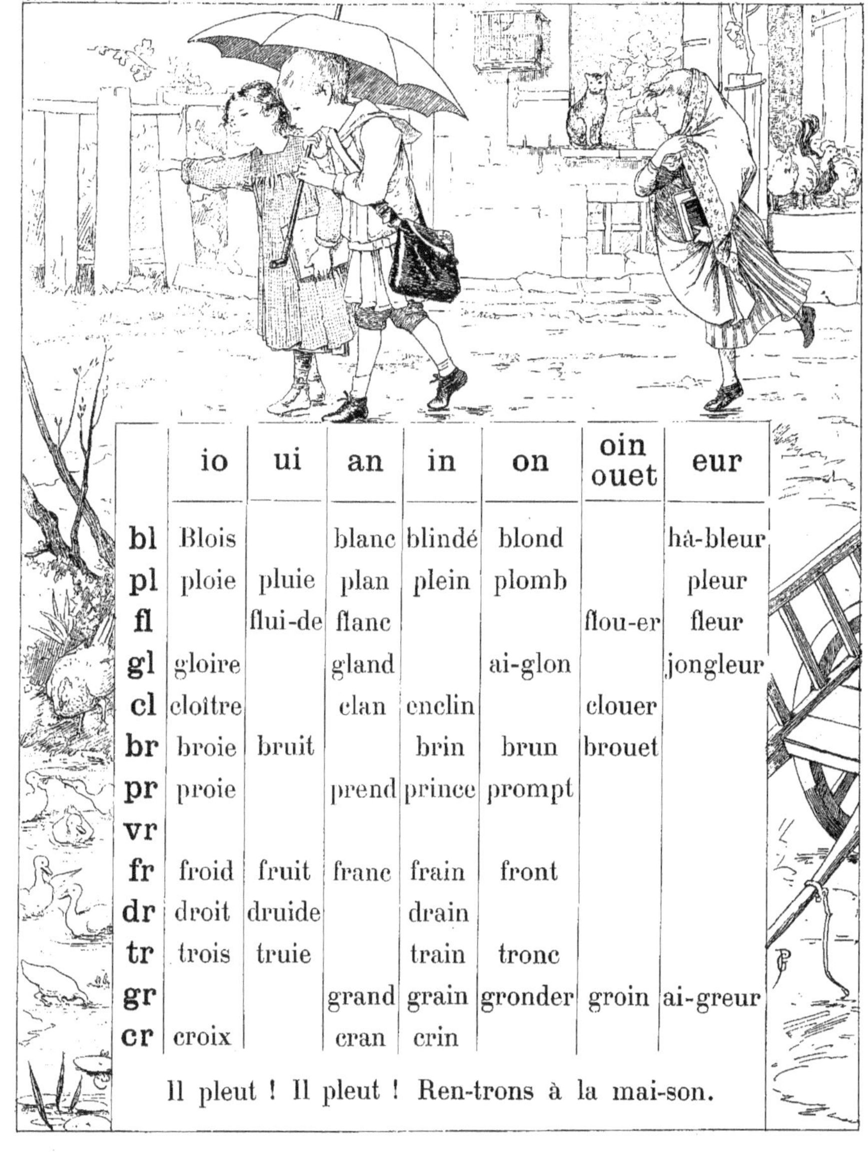

	io	ui	an	in	on	oin ouet	eur
bl	Blois		blanc	blindé	blond		hâ-bleur
pl	ploie	pluie	plan	plein	plomb		pleur
fl		flui-de	flanc			flou-er	fleur
gl	gloire		gland		ai-glon		jongleur
cl	cloître		clan	enclin		clouer	
br	broie	bruit		brin	brun	brouet	
pr	proie		prend	prince	prompt		
vr							
fr	froid	fruit	franc	frain	front		
dr	droit	druide		drain			
tr	trois	truie		train	tronc		
gr			grand	grain	gronder	groin	ai-greur
cr	croix		cran	crin			

Il pleut ! Il pleut ! Ren-trons à la mai-son.

E — muet

Insister sur la différence des mots ci-après :

heur	heu-re	heu-reux
l'é-pi	la pie	le pieu
l'a-mi	la mie	mieux

L'e muet final accentue la syllabe qui précède.

grand	gran-de
blond	blon-de
brun	bru-ne
noir	noi-re
fier	fiè-re

le pè-re
la mè-re

La pe-ti-te chat-te a peur du grand chien, mais la pie boit sans peur, car elle a des ai-les pour se sau-ver.

La pel-le
et la
brou-et-te
du
jar-di-nier.

La jo-lie
vio-let-te se
ca-che dans
l'om-bre.

E *se prononce* **È**
*devant l'*l, *le* t, *l'*r, *etc...,*
et devant les consonnes redoublées.

le ciel   le miel
le sel   le fiel
pel-le   ves-te
pa-res-se   es-poir
di-net-te   es-to-mac
ver-re   a-mer
ef-froi   ger-be
es-sieu   ef-fort
ton-ner-re   let-tre

Pier-re est un
pa-res-seux.
Il dort sur son li-vre.

La cu-vet-
te, le pot à
eau et la ser-
viet-te pour
la toi-let-te.

Le mu-guet
fleu-rit
dans les
bois.

Le rai-sin
est mûr; on fe-
ra u-ne bel-le
ven-dan-ge.

Z S

Prononcez **ze**

———

zo-ne	ha-**s**ard
lé-**z**ard	rai-**s**in
a-**z**ur	fu-**s**il
zé-ro	ru-**s**e
zè-le	mai-**s**on

mé-**s**an-ge
dé-**s**as-tre
il-lu-**s**ion
gour-man-di-**s**e

Le jus du
rai-sin se con-
ser-ve long-
temps; c'est le
vin.

Le lé-zard
court sur les
murs
et se chauf-fe
au so-leil.

Loui-se est à la cui-
si-ne : elle va po-ser
l'ar-ro-soir et voir si la
ta-ble est mi-se.

La mé-san-ge
don-ne
la bec-quée
à ses pe-tits
oi-sil-lons.

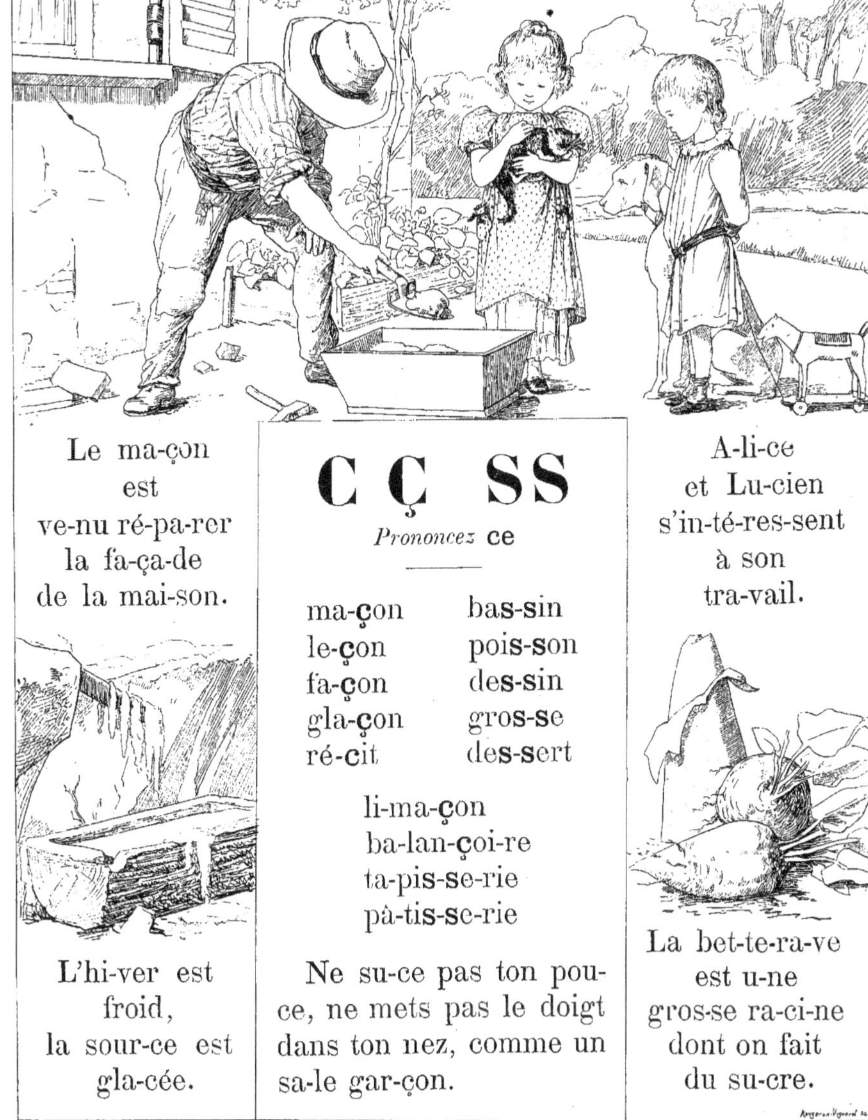

Le ma-çon
est
ve-nu ré-pa-rer
la fa-ça-de
de la mai-son.

A-li-ce
et Lu-cien
s'in-té-res-sent
à son
tra-vail.

C Ç SS
Prononcez ce

ma-çon   bas-sin
le-çon   pois-son
fa-çon   des-sin
gla-çon   gros-se
ré-cit   des-sert

li-ma-çon
ba-lan-çoi-re
ta-pis-se-rie
pà-tis-se-rie

L'hi-ver est
froid,
la sour-ce est
gla-cée.

Ne su-ce pas ton pou-
ce, ne mets pas le doigt
dans ton nez, comme un
sa-le gar-çon.

La bet-te-ra-ve
est u-ne
gros-se ra-ci-ne
dont on fait
du su-cre.

Ci Si SSi Ti

ci-guë	mis-**si**on	ac-**ti**on
ci-ment	sif-flet	fac-**ti**on
ci-té	**si**-gnal	por-**ti**on
ci-ga-le	gro**s-si**er	na-**ti**on
do-**ci**-le	**si**-len-ce	pa-**ti**en-ce
fa-**ci**-le	nar-**ci**s-se	é-mo-**ti**on

Bé-bé a bon cœur : el-le don-ne
u-ne por-tion de son goû-ter à ses a-mies
les pou-les et à leurs pe-tits pous-sins.

Jac-ques l'Au-ver-gnat ra-mè-ne son trou-peau de la mon-ta-gne : il por-te sur son bras le pe-tit a-gneau que la mè-re bre-bis suit en bê-lant.

Gn

dans le corps d'un mot, se prononce **gne**

---

a-**gne**au   pei-**gne**
oi-**gn**on   bei-**gne**t
co-**gné**e   mi-**gn**on

a-rai-**gné**e
vi-**gne**-ron
i-**gn**o-rant
si-**gn**a-tu-re

Ne tou-chez pas ces cham-pi-gnons, c'est du poi-son.

So-yez un bé-bé mi-gnon, ne gro-gnez pas quand on vous pei-gne.

Les châ-tai-gnes sont mû-res : les hé-ris-sons s'en-tr'ou-vrent.

C'est la mois-
son : on cou-pe le
blé a-vec la fau-
ci-lle ; on lie les
ger-bes a-vec un
brin de pa-ille,

ille il

*se prononcent
comme deux* ll *mouillées.*

---

bail	pa-ille
tra-vail	ma-ille
con-seil	qui-lle
so-leil	bi-ile
co-rail	fi-lle

bi-llard
o-rei-lle
ba-tai-llon

puis on ré-u-nit
les ger-bes en tas ;
sous le so-leil bri-
llant, les mois-
son-neurs tra-vail-
lent tout le jour.

La che-ni-lle
ram-pe mais le
bri-llant pa-
pi-llon vol-ti-ge.

Sui-vez tou-jours
les con-seils re-çus
dans la fa-mi-lle.

Les a-bei-lles
bour-don-nent
dans leur ru-che.

Ma-xi-me ne
veut plus jou-er.
Il tra-vail-le
a-vec an-xié-té
pour
son e-xa-men :

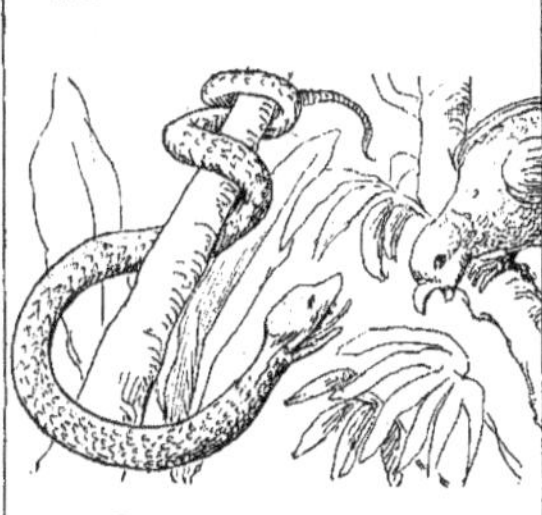

Le ser-pent
re-gar-de fi-xe-
ment sa proie.

X

se prononce **cse** *devant les consonnes et généralement* **gse** *devant les voyelles.*

———

a-**x**e	**X**a-vier
e**x**-cès	e**x**-cu-se
fi-**x**e	e-**x**act
lu-**x**e	e-**x**a-men
bo-**x**e	deu-**x**iè-me
e-**x**il	e**x**-cur-sion
	e-**x**or-de
	e-**x**u-bé-rant
	e-**x**o-ti-que
	e-**x**a-gé-ra-tion

C'est un ex-cel-
lent é-co-lier : il
est tou-jours le
pre-mier ou le
deu-xiè-me de sa
clas-se.

L'or-chi-dée
fleu-rit dans les
pays e-xo-ti-ques.

Vo-yez et ad-mi-rez, mes-da-mes : voi-ci des cra-yons, des ca-hiers, des en-cri-ers, des plu-mes pour vos en-fants : et voi-ci tout ce qu'il faut pour ba-la-yer, net-to-yer, es-su-yer, as-ti-quer vo-tre lo-gis du haut en bas.

Y

dans le corps d'un mot, entre deux voyelles, équivaut à deux **i**.

———

foⁱ-**y**er
noⁱ-**y**au
moⁱ-**y**en
ci-to-**y**en
ro-**y**au-me
vo-**y**el-le
pa-**y**-san
vo-**y**a-geur

Les cou-ra-geux ma-rins vo-ya-gent dans les pays les plus loin-tains.

Les ra-yons du so-leil cou-chant il-lu-mi-nent la mer.

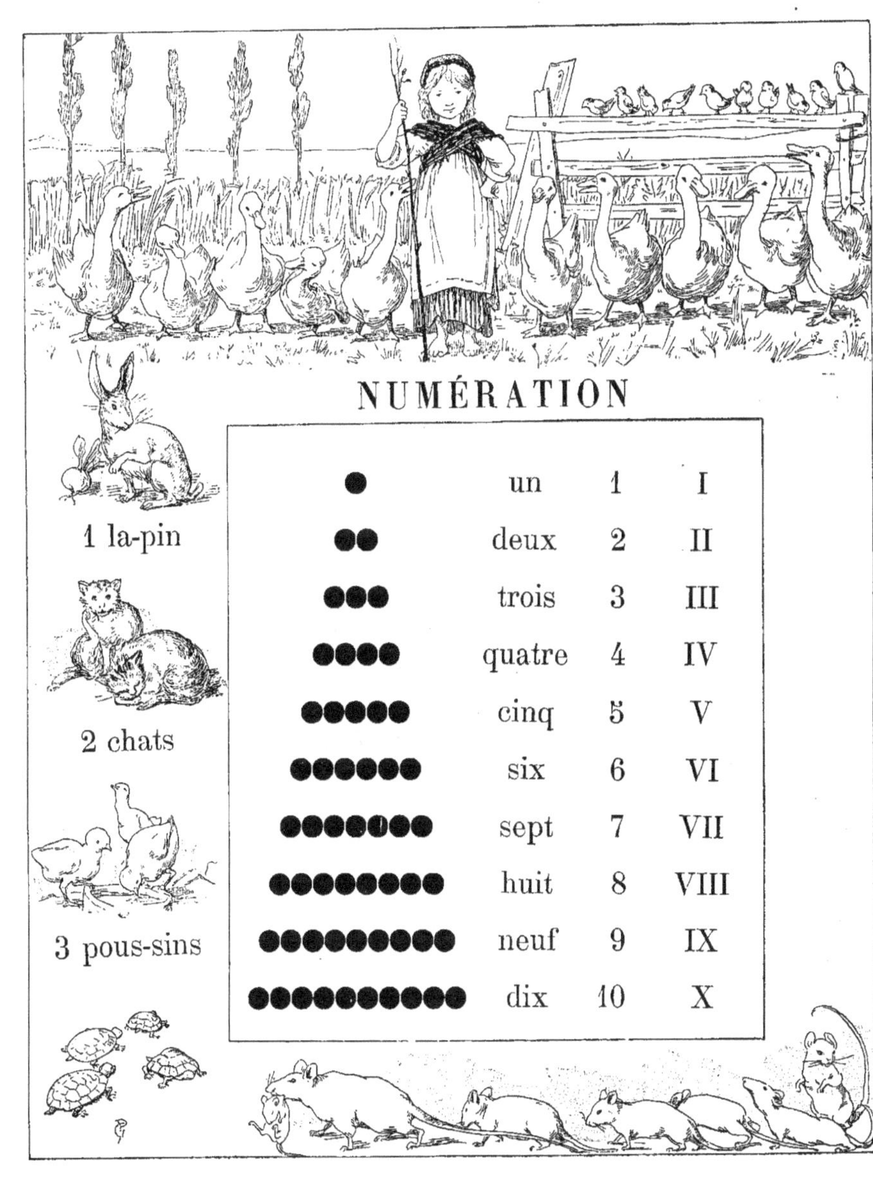

NUMÉRATION

1 la-pin

2 chats

3 pous-sins

●	un	1	I
●●	deux	2	II
●●●	trois	3	III
●●●●	quatre	4	IV
●●●●●	cinq	5	V
●●●●●●	six	6	VI
●●●●●●●	sept	7	VII
●●●●●●●●	huit	8	VIII
●●●●●●●●●	neuf	9	IX
●●●●●●●●●●	dix	10	X

En-fin ! Li-li a ou-vert ses yeux. El-le rit en les ou-vrant tout grands. Pri-ons le bon Dieu pour qu'il gar-de ma pe-ti-te fi-lle jo-yeu-se et sa-ge tout le jour. De-bout, mi-gnon-ne ! la-vons bien cet-te fri-mous-se, ces o-rei-lles ro-ses, ce pe-tit cou blanc, et ces mains, tou-tes noi-res, je crois.

Com-ment ! tu cries, tu ne veux pas ? tu veux res-ter tou-te sa-le ? Oh, fi !

Tes a-mis vont se mo-quer de toi. Ils ont dé-jà
très bien fait leur   toi-let-te et sans aide.

Les pe-tits moi-neaux se sont bai-gnés dans la
gout-tiè-re. Ils se-couent à pré-sent
leurs plu-mes au so-leil. Ils se
lis-sent a-vec leur bec.

Mi-net
a pas-sé sa lan-gue
ro-se sur sa
four-ru-re.

A-vec sa pat-te, il
a frot-té son nez
et ses o-reil-les.

———

Et main-te-nant
ta toi-let-te est
fi-nie : tu peux

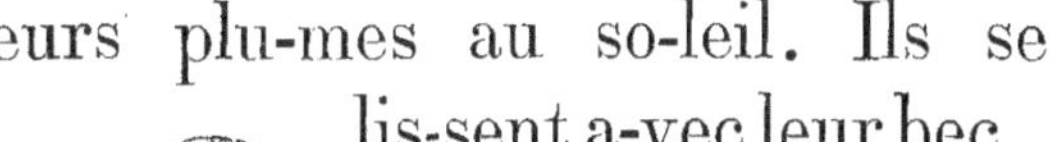

La bon-ne Dia-ne
net-toie ses gros
tou-tous sur tou-
tes les fa-ces.

———

al-ler di-re bon-
jour à tes a-mis.

MORALE

Bon-ne ma-man vient d'ar-ri-ver. Voi-là son fau-teuil, son ca-bas, son goû-ter. Bé-bé ap-por-te son cous-sin. « C'est très bien, mes ché-ris, dit-el-le, je vous en re-mer-cie. So-yez tou-jours ai-ma-bles et po-lis a-vec les vieil-lards et pré-ve-nants pour ceux qui vous en-tou-rent. Vous se-rez ain-si leur plus gran-de joie. »

« So-yez bons pour les pe-tits, pour les pau-vres et mê-me, en-tre vous, n'ou-bli-ez ja-mais d'ê-tre po-lis. »

LA
JOURNÉE
DE PAUL

Quand Paul
se réveille, c'est
le Matin : le
soleil est déjà brillant et chaud.
Quand Paul ferme les yeux de fatigue,
la journée est finie : c'est le Soir.
Le soleil a disparu ; la nuit com-
mence ; les étoiles s'allument et la
lune brille. Chacun s'endort.

Lundi, Mardi, Mercredi, Jeudi,
Vendredi, Samedi. 6 jours de travail
pour tous. Enfin, Dimanche, le beau jour
de Dieu, le jour du repos, le jour de la
famille. Voilà la semaine. Il y a 30 jours
dans le mois. Il faut 12 mois pour faire
une Année.

HIVER

Janvier, Février, Mars.

3 mois de froidure,
3 mois de neige, de
glace, de nuits longues
et de misère, hélas !

C'est l'HIVER.

ÉTÉ

Juillet, Août, Septembre.

3 mois de chaleur,
3 mois de soleil brû-
lant : le blé jaunit; les
fruits mûrissent.

C'est l'ÉTÉ.

PRINTEMPS

Avril, Mai, Juin.

3 mois de fraîcheur,
3 mois de pluies fines et
de beau soleil. Partout
des fleurs, des nids.

C'est le PRINTEMPS.

AUTOMNE

Octobre, Novembre, Décembre.

3 mois de vent, de
pluie, de brouillard. On
chasse, on vendange ;
on cueille les fruits.

C'est l'AUTOMNE.

L'HEURE

Il y a 24 heures dans une journée. La journée est partagée en deux moitiés, de 12 heures chacune. La 1re moitié va de Minuit à Midi ; la 2e moitié de Midi à Minuit. C'est d'après la position du soleil que l'on règle les heures des montres et des horloges.

L'heure est partagée en 60 minutes.

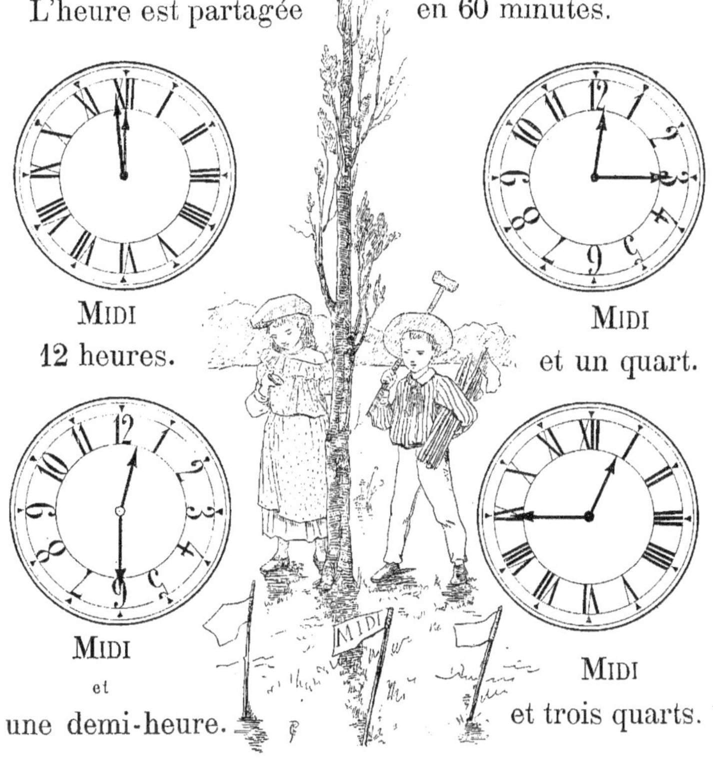

Les Métiers

L'HABILLEMENT

Le Tailleur a fait de beaux pantalons pour Toto. Il va lui faire aussi une veste avec du drap bien chaud.

La Couturière fait les vêtements de Lili. Voyez donc cette petite coquette ! Comme elle est fière de sa robe neuve !

La jolie Modiste offre ses chapeaux, ses rubans, ses dentelles.

La Blanchisseuse lave le linge et la Repasseuse, avec des fers chauds, l'apprête et le repasse.

Le Cordonnier tire l'alène, taille le cuir, cloue les semelles, nous fait bottines fines et gros souliers.

Les Marchands

COMESTIBLES

Prenons
de l'argent
et allons acheter :

Chez la Boulan-
gère, un bon pain
blanc, une miche
de pain bis et des
croissants faits avec
la farine du blé.

Chez notre gros
Boucher, prenons du
bœuf pour le pot-au-
feu, un gigot de mou-
ton et des côte-
lettes de veau.

Le Pâtissier nous
offre un grand choix
de gâteaux, de frian-
dises en tous genres.

La Fruitière
nous vendra
des choux, des
salades, des
légumes verts
fraîchement
cueillis.

La gentille Lai-
tière mesure notre
lait et nous fournit
d'œufs et de beurre.

LA FERME

La ferme est bâtie au milieu
des champs. Jacques le fermier
l'habite avec la fermière. Auprès
d'eux, dans l'étable, sont logés les
vaches, les bœufs et les cochons.

Jacques part de
grand matin. Il la-
boure : il sème le
blé. Quand le blé est
mûr, il le moissonne.
Il coupe le foin des
prairies pour le bé-
tail et les chevaux.
Les moutons brou-
tent sur la colline.

Marie la fermière
soigne les vaches,
trait leur lait, en fait
du beurre et du fro-
mage. Elle nourrit
les cochons, les poules
et les canards, cul-
tive le jardin et prend
soin du ménage et
des enfants.

LES VOYAGES

Houp houp ! au trot, au galop ! Houp houp !
Plus vite, grand frère ! Je t'en prie, plus vite !

Hue, dada ! Au trot, au galop,
par monts et par vaux !

Partons en voyage, pour voir le vaste monde,
prenons tous les moyens. Patins, voitures, âne, dili-
gence ou vélocipède, train rapide, ballon léger
ou grands vaisseaux.

En route !

Aimez-vous les voyages ?

Moi, je les adore !

Allons, viens, mon Coco, faisons un voyage dans la maison.

Ma lunette d'approche, mon parapluie en cas d'orage et mes bagages attachés derrière. C'est bien.

En route, mon vaillant Coco ! Voici un pays sombre et noir. C'est la cave ! Là, du charbon et du bois, pour le feu ; ici, les tonneaux et les bouteilles.

Horreur ! Un rat féroce !

Sauvons-nous ; j'ai oublié mes armes. A présent, la cuisine ! Quel beau pays ! Les casseroles brillent. Les pots et les armoires sont remplis de gourmandises.

Voilà vraiment le pays de Cocagne !

Houp houp ! Au trot, au galop !
Un doux parfum m'attire ici.

Quelle vue charmante ! Nappe blanche, soupière pleine, table garnie d'un bon dîner. C'est la salle à manger. Doucement, Coco, au pas, car voici le salon ; avec son doux tapis, les fleurs que Maman aime, le grand paravent chinois, mon petit tabouret, le fauteuil de Papa. C'est bien joli, ici, mais j'ai trop peur d'y tout casser.

Sauvons-nous, sans bruit, car Papa est là, qui travaille dans son cabinet.

Allons, Coco, viens manger ton avoine.

Fini notre voyage ! Mais quand je serai grand, j'irai, j'irai au bout du monde, jusqu'en Russie !

FIN

6064-93. — Corbeil. Imprimerie Éd. Crété